Steuer-Gedichte

Humor ist,
wenn man´s trotzdem macht!

Impressum:
Copyright 2019 C. Baumgartner
Fotos von C. Baumgartner
Herstellung und Verlag:
BoD- Books on Demand, Norderstedt
ISBN: 978-3-7357-6034-0

DIE STEUERN

Verschwendung liest man jeden Tag,
DAS ist nicht, was ich hören mag.

Erhöhung heißt das Dauerwort,
doch ständig ist die Kohle fort.

Der Haushaltsplan klingt wunderbar,
doch bitte, WAS ist da schon wahr?

Seit Jahren wird nur umgeschichtet,
der Schaden den man angerichtet.

Ständig neue Steuerarten,
wen es trifft, braucht man nicht raten.

Die GUTEN Dinge will ich sehen,
in die die Steuergelder gehen.

DAS SYSTEM

Die Bürger im Land
wollen mehr Transparenz,
doch das scheint nicht gewünscht,
mit aller Konsequenz!

Ein Steuersystem
das JEDER versteht,
ein Traum, der wohl nie
in Erfüllung geht.

Da gibt es Mächte,
die will man nicht kennen,
drum werde ICH sie
HIER auch nicht nennen.

Es klappt wunderbar,
seit ewigen Zeiten,
uns mit Bürokratie
auf dem Nerv rum zu reiten.

So sind wir beschäftigt
und halten den Mund,
denn anders läuft das „System"
nicht rund!

In anderen Ländern
kann man es sehen,
das Steuerrecht
muss viel einfacher gehen.

Wo bleibt die Reform?
Wir warten darauf.
Und sooo schnell
geben wir nicht auf!

DIE FORMULARE

Ich hab Abitur
doch jetzt sitze ich hier,
seit Tagen schon
vor einem Berg Papier.

Ich komme mir vor
wie der größte Idiot
doch keiner hilft
in meiner Not.

Mantelbogen und Anlage V
brauch ich das alles?
Ich weiß nicht genau.

Dann gibt`s noch AV, FW und SO
die Abkürzungen sind echt
ein Griff ins Klo!

Auch R und AUS
liegen da bereit,
ich frag mich
wer hat soviel Zeit?

Eine Ausfüllanweisung
ist auch mit dabei,
„nur" 16 Seiten,
ich glaub ich schrei!!!

"Die einzige abartige
Veranlagung,
die ich kenne,
wird vom Steueramt
verschickt."

Wolfgang Neuß (1923-89),
dt. Kabarettist und
Schauspieler

SOLIDARITÄTSZUSCHLAG

Ein anderer Name
Schlauer Zug!
Und viel zu lang
ging das auch gut.

Versteckte Steuern
würde ich sagen,
die wieder mal
die KLEINEN tragen!

Da soll man glauben
und vertrauen
und wird nur
übers Ohr gehauen!

SONDERREGELUNGEN

Vergünstigungen
und
Subventionen

können sich nur
für
die Großen lohnen!

DIE GROSSEN

Einen großen Konzern,
den solltest du haben,
der droht mit Abzug
und Milliardenklagen.

Der schüchtert
die Behörden ein,
noch mehr Arbeitslose
das muss ja nicht sein.

Eine Bank wäre gut,
zum spekulieren,
du kannst ruhig
ein paar Milliarden verlieren.

Dann lässt du den Staat
deine Fehler begleichen,
denn dafür wird die Kohle
schon reichen.

Da wird gerichtet
und saniert,
wer immer das
auch finanziert.

Kein Wunder wächst
die Wut im Land,
die Suche nach Schuld
verläuft im Sand.

Das sollten die Kleinen
sich mal trauen,
denen wird sofort
auf die Nase gehauen!

Und so geht das weiter,
jahrein und jahraus,
SORRY da oben,
das Vertrauen ist raus!

DIE KLEINEN

Es wäre alles ganz einfach

würde man mal wieder
den Menschen

und nicht nur
den Steuerzahler

sehen.

Denn wer sich respektiert
und ernst genommen
fühlt

ist auch bereit
seinen Beitrag ohne murren
zu leisten!

DAS AMT

Verstaubte Büros
voll Aktenberge,
Beamte die Zettel
und Zahlen sehen.

Der Druck von „oben"
lässt kaum noch atmen,
wer bitte soll dieses
System verstehen?

Bei der Menge von Zahlen
und Formularen,
bleibt keine Zeit
den Menschen zu sehen,

Ausgaben streichen,
Bescheide versenden,
anders kann das hier
nicht gehen!

Die Briefe möglichst
freitags raus,
denn samstags ist man
nicht im Haus.

Die Schreiben
anonym gehalten,
man will ja nicht helfen,
man muss nur verwalten!

Du bringst deine Papiere,
das wird nicht quittiert,
doch das sie verschwinden,
ist häufig passiert.

„Buchstabe oder Nummer?"
heißt es am Telefon.
Das erinnert ganz klar
an Kasernenhofton.

Kein „Guten Tag",
kein nettes Wort,
dafür ist die
Verbindung fort.

Abteilung A
weiß nichts von B,
schuld bin nur ich,
und das tut weh.

Zutritt
für Unbefugte
und
Unwissende
verboten!

Hochachtungsvoll
(oder Leck mich am A...)

Ihr
Finanzamt

DIE BEAMTEN

Macht nur langsam,
ihr habt ja Zeit,
erst in sechs Monaten
ist es soweit.

Vorher kann keiner
den Mund aufmachen
so ist das nun mal,
in Steuersachen.

Der Stapel der wächst
auf eurem Tisch,
die Birkenstock drunter,
die stört das nicht.

Was ist da
in den Köpfen los?
„Fragen Sie nicht,
zahlen Sie bloß!"

Formulare gibt es
im Internet,
toll, wenn ich einen
Computer hätt´.

Nicht alle sind gleich.
JA, das wissen wir.
Doch wo sind die Andern?
Die sucht man hier!

Die Andern die wissen,
was sich gehört,
die sich freundlich verhalten,
nicht unerhört.

Trifft man mal einen,
so glaubt man es kaum,
und fragt sich sofort,
war das echt oder Traum?

DIE VORGESETZTEN

Am Telefon läuft
eine Bandansage,
„bin nicht zu erreichen,
die nächsten Tage".

Eine Nachricht
kann man nicht hinterlassen,
das Ganze ist doch
nicht zu fassen.

„**Bitte nicht stören**",
an der Nachbartür,
was soll denn das,
wo sind wir denn hier?

Ihr setzt mir ´ne Frist
von sieben Tagen,
das würde ich selbst
doch niemals wagen.

Ihr habt viel zu tun,
das tut mir sehr leid.
Doch hilft das nicht weiter.
Ich hab auch keine Zeit!

DIE PRÜFER

Stasi-Methoden,
das glaubst du kaum,
wenn ich`s dir sag,
haut`s dich vom Zaun.

Ich hab es gesehen,
mir wurde es schlecht.
Ich glaub nicht mehr
an unser Recht.

Da wurde verhört
und extrem geschätzt,
kleine Leute in Angst
und Schrecken versetzt.

Unter Vorwänden
in die Behörde zitiert,
ohne Beistand versteht sich,
ist wohl so diktiert.

Da wurde gedroht,
das ist nicht mehr wahr,
glaub mir ruhig,
die Geschichte die war!

Beweisen SIE es!
Hörte man dann.
Moment mal,
wo geht's jetzt denn lang?

In unserem Land
gleich TÄTER sein,
das finde ich
also echt nicht fein!

Ich hab doch alles
fein notiert
und über Jahre
archiviert.

Jetzt kommt da
so ein Jüngling her
und meint, dass er
der Schlauste wär.

Moment mal,
das kann gar nicht sein,
wirft dann zum Glück
mein Anwalt ein!

DIE FAHNDER

Morgens um sechs vor deiner Tür,
Du fragst dich: Zum Teufel was wollen
„die" hier?

Jeden Monat hast du brav bezahlt!
Ob du das kannst, hat keiner gefragt.

Die ganze Stadt ist informiert,
du fühlst es gleich, du bist ruiniert.

Nach Wochen endlich ein Resultat,
es gab nichts zu finden, also übler
Verrat.

Wer steckt dahinter, fragst du dich
und weißt, der Jüngling meinte DICH.

Dank Schengen gibt es
genügend Leute,
die lassen sie los auf die
breite Meute.

Doch WIR sind mehr,
drum seid auf der Hut,
Profilierung im Amt,
kommt selten gut.

DER STEUERBERATER

Meist kennt er deinen Laden nicht,
weiß auch nicht wer genau du bist,

doch ohne ihn kommst du nicht weit,
das merkst du schon nach kurzer Zeit.

Du traust ihm blind, bezahlst in gut,
sein Wissen, ja das macht dir Mut.

Warum muss man denn einen haben?
DAS sollte man sich hier mal fragen!

DIE AUSKUNFT

WER
WIE
WAS

WIESO
WESHALB
WARUM

WER nicht fragt bleibt dumm!

Verbindliche Auskünfte vom Finanzamt
sind gebührenpflichtig!

Du wolltest nur mal kurz was fragen,
lieber Bürger, da musst du erst zahlen.

DIE STEUERMORAL

Abgenommen
soll sie haben,
hört man
den Minister klagen.

Doch warum
frag ich zu Recht,
sind die Vorbilder
so schlecht?

Im „Schwarzbuch" steht es
schwarz auf weiß,
Verschwendung im Amt
hat ihren Preis.

Führt doch die
Volksabstimmung ein,
dann wird die Moral
gleich viel besser sein!

FÜR EXISTENZGRÜNDER

Mit dem Anmeldebogen geht es los,
„Schätz den Gewinn", ja das ist famos.

Gar nicht so einfach das Formular,
doch Hilfe vom Finanzamt, die ist nicht
da!

Dein Berater sagt: „Halt die Zahlen
klein,
du hast viel geplant, doch das muss ja
nicht sein".

Im zweiten Jahr stehen Gewinne ins
Haus,
im dritten Jahr droht das große „AUS".

„Zahlen Sie nach, für das letzte Jahr
und gleich auch voraus, am besten in
bar."

FÜR AUSLÄNDER

Lernt erst die Sprache,
sonst geht ihr gleich ein,
und das kann das Ziel
eures Ladens nicht sein.

Keiner wollt wissen,
ob ihr Deutsch versteht,
denn wen interessiert´s,
wenn ihr Pleite geht?!

Das Gewerbeamt
drückt ein Auge zu,
das Finanzamt wird's richten
in aller Ruh.

Doch jetzt müsst ihr ran,
ich sag auch warum:
Formulare in spanisch,
das wäre ja dumm.

Nix Bild in Papier
ich nix verstehen!

FÜR INLÄNDER

Es ist dein Land,
in dem du wohnst,
ohne zu wissen,
was hier wirklich abgeht.

Es ist dein Land,
in dem du Rechte hast,
die du kennen
und wahrnehmen solltest.

Es ist dein Land,
wo Kinder in Armut leben,
aber Schwarzarbeiter
Hartz4 kassieren.

Es ist dein Land,
wo Schulen marode sind
aber Türme von
Rathäusern vergoldet werden.

Es ist dein Land,
in dem alte Menschen zur
Suppenküche gehen
und Politiker sich die Diäten erhöhen.

Es ist dein Land,
in dem du wählst,
obwohl es gar keine
Auswahl gibt.

Es ist dein Land,
in dem du schweigst,
obwohl du schon längst
laut schreien solltest.

Es ist dein Land,
in dem sich nichts verändert,
wenn alle so sind
wie DU.

FÜR DIE POLITIKER

Warum braucht ein Bürger
in diesem Land

noch immer etwa

8 STUNDEN

für das Ausfüllen seiner
Steuererklärung und nur

8 SEKUNDEN

für das Ausfüllen des Wahlzettels

???

FÜR BÄCKER

Wenn du Bäcker bist,
dann sei auf der Hut,

Das „AMT" kennt die Zutaten
mehr als nur gut.

Dass kein Umsatz fehlt,
verschenke kein Brot,

sei kein netter Mensch,
sonst bist du

(ja was wohl?)
bei der nächsten Prüfung
TOT.

„Richtwerte" nennt man
das Zauberwort,

halte sie ein
denn sonst bist du fort!

Du willst doch nur backen
und fragst dich warum?

Sorry mein Freund
aber dann bist du dumm.

Du kannst hier
alles mögliche meinen,

aber vergiss niemals:
DU gehörst zu den KLEINEN!

FÜR HÄNDLER

Von früh bis spät
stehst du im Laden.
einen freien Tag,
den sollte man haben.

Doch wieder
ist ein Monat rum,
der 10te naht,
das ist zu dumm.

Belege heften,
Ordner richten,
das Kassenbuch
ist noch zu sichten!

Ein Kaufmann sein,
ja, das ist fein.
So dachtest du,
du armes Schwein.

FÜR DÖNERSTÄNDE

Du wirst geächtet
im ganzen Land,
warum genau,
ist nicht bekannt.

Fleisch im Brot,
das geht halt nicht.
Das „Amt" macht
ganze Städte dicht.

Versuchs auch
nicht mit Hühnerbein,
da fällst du ganz genau
so rein.

Damit es klappt,
wär´ Fisch ganz gut.
Der hält gesund,
und das macht Mut!

„Beim Steuereintreiben wie beim Schafscheren soll man aufhören, wenn die Haut kommt."

Austin O'Malley (1858-1932)
amerik. Arzt u. Schriftsteller

FÜR GASTRONOMEN

Ihr seid nicht
grade sehr beliebt,

wir wissen schon
woran das liegt.

Wo Bargeld lacht
ist es gefährlich,

da bleibt so mancher
nicht lang ehrlich.

DIE RICHTSATZSAMMLUNG

Deine Preise müssen sein
wie bei ALLEN.
Deine Kosten müssen sein
wie bei ALLEN.
Deine Portionen müssen sein
wie bei ALLEN.
Deine Zutaten müssen sein
wie bei ALLEN.
Deine Löhne müssen sein
wie bei ALLEN.
Dein Abfall muss sein
wie bei ALLEN.

Du musst sein wie ALLE.
Denn sonst stimmen die
Richtsätze nicht.

Doch wenn jeder
ein wenig anders ist,
genau wie DU,
wer sind dann ALLE?

FÜR RENTNER

Vierzig Jahre Steuerzahler,
vierzig Jahre hartes Brot,

krummer Rücken, schlechte Augen,
doch was bleibt, das ist die Not.

Jeden Pfennig brav versteuert,
heute ist man schwach und alt,

Rentner war ne schöne Hoffnung,
aber „Steuerland" ist kalt.

Graue Panter auf die Straßen,
lasst nicht zu, was hier passiert,

Steuer auf die Rentenzahlung,
heißt doch DOPPELT abkassiert!

20 Millionen sind betroffen,
Leute jetzt wird's aber Zeit,

dass ihr mit dem Rollstuhl raus geht
und euch von der Last befreit.

Schnallt die Krücken an die Arme
zeigt den Jungen wie es geht,

wie man auch in harten Zeiten
kämpfend für sein Recht einsteht!

„GEDULD ist eine
gute Eigenschaft.

Aber nicht,
wenn es um die
Beseitigung
von Missständen geht."

Margaret Thatcher

DIE EHRLICHEN

Sind wir dumm?, fragt man sich hier.
ALLE tun's, warum nicht wir?

Alle? Nein, das ist nicht wahr,
so viel war von Anfang klar.

Ehrlichkeit das ist schon gut,
weil man damit besser ruht.

Doch verstehen würd´ ich gern,
und das ist des Pudels Kern,

warum wird in diesem Land,
das doch weltweit ist bekannt,

etwas so verkompliziert,
dass es keiner mehr kapiert?

Muss ich Steuerrecht studieren,
um die Zahllast zu kapieren?

Wie viel muss ich denn bezahlen?
Sagt man mir das nach den Wahlen?

Sorry, ich will's jetzt gern wissen,
anders fühl ich mich beschissen!

DIE BETRÜGER

Schwarze Schafe überall,
harte Strafen klarer Fall.

Als großer Fisch
juckt mich das nicht,

mein Anwalt rückt´s
ins rechte Licht.

Und die paar Euros
tun nicht weh,

wenn ich den Knast
von außen seh.

DIE MANIPULIERER

Graue Schafe immer mehr,
schau dich um, wo kommt das her?

Manchmal frag ich mich warum,
ist manch „Kleiner" denn so dumm?

Ist das wirklich nur „nicht wissen",
oder aber „klauen müssen"?

Auf lange Sicht, das könnt ihr glauben,
wird's euch nur die Nächte rauben.

Wer bereit ist, zu bescheißen,
muss auch andere mit sich reißen.

Doch was glaubt ihr, wo ihr steht,
wenn deren Arsch auf Grundeis geht?

DIE PROVOKATEURE

Laden dicht,
dann greift Hartz 4
Vater Staat,
ich danke dir!

Die Schwester
macht den nächsten auf,
so nimmt das Leben
seinen Lauf!

Schlägt die Pleite
wieder zu,
ist der Bruder da,
im Nu!

DIE HOFFNUNG

Damit die Hoffnung
wieder lebt,
es unserem Volke
besser geht,

Gerechtigkeit
ein Lebensglück,
gebt uns davon
ein kleines Stück.

Die Arbeit muss sich
wieder lohnen,
sonst wollen wir hier
nicht mehr wohnen.

Die Sonne, die
muss wieder scheinen,
in Form von GELD
bei den ganz KLEINEN.

DIE PENDLERPAUSCHALE

Dankt dem Mann
mit einer Gabe,

lernt daraus,
was ich euch sage:

Kämpfen lohnt,
das sieht man hier.

Glaubt nicht
jedem Amtspapier!

Danke, Danke,
Danke !

DER SCHLUSS

Steckt nicht eine Chance
in jeder Krise?

Dann nutzen wir doch
erst mal diese!

Doch wie sieht die aus?
Ich weiß nicht genau,

drum mach ich mich
jetzt erst mal schlau.

Haben SIE eine Idee **???**

STEUERARTEN

Abgeltungssteuer
Biersteuer
Börsenumsatzsteuer
Branntweinsteuer
Einkommensteuer
Erbschaftsteuer
Feuerschutzsteuer
Getränkesteuer
Gewerbesteuer
Grunderwerbsteuer
Grundsteuer
Hundesteuer
Investitionssteuer
Jagd- und Fischereisteuer
Kaffeesteuer
Kapitalertragsteuer
Kfz-Steuer
Kinosteuer
Kirchensteuer
Körperschaftsteuer
Lohnsteuer
Lustbarkeitssteuer
Mineralölsteuer
Ökosteuer
Stromsteuer
Rennwettsteuer
Schankerlaubnissteuer
Schaumweinsteuer

Schenkungsteuer
Sexsteuer
Solidaritätszuschlag
Spielbankabgabe
Tabaksteuer
Tanzsteuer
Tonnagesteuer
Umsatzsteuer
Vermögensteuer
Verpackungssteuer
Versicherungssteuer
Zweitwohnungssteuer

Abgeschafft:

Baulandsteuer
Beförderungssteuer
Essigsäuresteuer
Gesellschaftsteuer
Leuchtmittelsteuer
Salzsteuer
Speiseeissteuer
Spielkartensteuer
Süßstoffsteuer
Teesteuer
Wechselsteuer
Wertpapiersteuer
Zuckersteuer
Zündwarensteuer

„Der Bürger
liebt sein
Finanzamt
mit der gleichen
Leidenschaft
wie der Metzger
den Vegetarier."

Peter Gillies (*1939),
dt. Journalist

Liebe Leser,

haben Sie die DANKSAGUNG in diesem Buch vermisst?
Glauben Sie mir, es gibt keine.

Denn WEN interessiert schon der Dank des Autors an Menschen, die uns völlig unbekannt sind?
Mich normalerweise nicht und SIE sicher auch nicht.

Ich bedanke mich also hier und jetzt nur bei IHNEN, meinem Leser, weil Sie das Buch gekauft haben.

DANKE SCHÖN!

Hat Ihnen das Buch gefallen? Dann empfehlen Sie es bitte weiter. Für einen Autor gibt es doch nichts Schöneres als ein positives Feedback.

Die schönste Beurteilung bei der Erstauflage dieses Buches (erschienen unter dem Titel „Gedichte für die Kleinen - Gedanken zum Thema Steuern und Finanzbehörden") war für mich persönlich:

„Gewitzt, gewieft und gewagt und sicher zig Mal hinterfragt!
Süffisant, genervt und dennoch ironisch führt die Schriftstellerin das deutsche Steuersystem vor! Clever und smart in der Formulierung und punktgenau formuliert - zum Lesen ein echter Genuss!!

Es kribbelt mir in den Fingern, ein Exemplar in den Briefkasten des FA einzuwerfen ;-)"

Herrlich, nicht wahr?

Hierfür ganz HERZLICHEN DANK an die Leserin!

Und jetzt muss ich Ihnen unbedingt noch etwas erzählen.

Das für mich zuständige Finanzamt hat sich in den letzten Jahren wirklich sehr gebessert. Ohne Witz.

In der Telefonzentrale sitzt eine Dame mit freundlicher Stimme und die Briefe werden mit „freundlichen" Grüßen unterzeichnet.

Ich glaube, die oben genannte Leserin wohnt in der gleichen Stadt wie ich und hat das Exemplar tatsächlich eingeworfen...

Das Schreiben
find´ ich einfach fein.
Drum tat ich´s hier,
es musste sein!

Jetzt hier zum Schluss
mein letzter Reim.
Mir fällt ja doch
nur Blödsinn ein.

**Ich hoffe,
du hast viel gelacht,
Humor ist,
wenn man`s trotzdem macht!**